एक चिड़िया का शोर

ईश्धर सिंह

Copyright © Ishwar Singh
All Rights Reserved.

This book has been published with all efforts taken to make the material error-free after the consent of the author. However, the author and the publisher do not assume and hereby disclaim any liability to any party for any loss, damage, or disruption caused by errors or omissions, whether such errors or omissions result from negligence, accident, or any other cause.

While every effort has been made to avoid any mistake or omission, this publication is being sold on the condition and understanding that neither the author nor the publishers or printers would be liable in any manner to any person by reason of any mistake or omission in this publication or for any action taken or omitted to be taken or advice rendered or accepted on the basis of this work. For any defect in printing or binding the publishers will be liable only to replace the defective copy by another copy of this work then available.

मैं यह पुस्तक उन सभी पक्षियों को समर्पित करता हूं जिन्होंने प्रकृति में मानवीय हस्तक्षेप के कारण अपनी जान गंवाई।

क्रम-सूची

प्रस्तावना

ईश्वर सिंह को लेखन और शोध गतिविधियों में दस साल से अधिक का अनुभव है। वह एक जबरदस्त लेखक और कवि हैं। वह 'एक चिड़िया का घोंसला' किताब लिखकर उत्कृष्ट कार्य कर रहे हैं। यह निश्चित रूप से छात्रों के जीवन पर सकारात्मक प्रभाव डालेगा। उन्होंने धार्मिक और सांस्कृतिक मुद्दों के क्षेत्र में बहुत गहरी रुचि दिखाई है।

वह एक बहुत ही उत्कृष्ट शिक्षक भी हैं और धार्मिक मुद्दों के बारे में भी गहरा ज्ञान रखते हैं। मैंने उन्हें हमेशा उनकी विभिन्न पुस्तकों के लिए बहुत मेहनत करते देखा है। वह भारतीय संस्कृति के बारे में हमारी नई पीढ़ियों को सरल और संक्षिप्त तरीके से व्यक्त करना चाहते हैं। मैं उन्हें उनकी नई किताब के लिए शुभकामनाएं देती हूं।

अमरजीत कौर

आमुख

यह पुस्तक चिड़िया के जीवन के बारे में बताती है। बीस साल पहले उन्होंने इंसानों के साथ अपना जीवन कैसे जिया? यह कहानी लेखक के जीवन में घटी एक घटना से संबंधित है और लेखक ने इस पुस्तक को लिखकर इस घटना को साझा करने का प्रयास किया है।

1

एक चिड़िया का घोंसला

जब हर रोज़ सुबह घर के आँगन में आकर चिड़ियाँ आवाज़ करतीं हैं तो बिस्तर पर लेटे हुए मनुष्य को आभास हो जाता है कि सवेरा हो गया है। अगर मैं अपने बचपन कि बात करूं तो उस समय घर के आंगकन में काले भूरे रंग कि छोटी चिड़ियों कि काफ़ी भरमार होती थी और उन सबका शोर भी काफ़ी होता था।

आज के इस आधुनिक युग में ऐसी चिड़ियाँ विलुप्त हो गयीं हैं। खास तौर पर शहरों में चिड़ियाँ काफ़ी कम हो गयीं हैं। चिड़ियों के विलुप्त होने का सबसे बड़ा कारण है इंटरनेट का बढ़ता हुआ प्रयोग। रजनीकांत और अक्षय कुमार की फ़िल्म रोबोट 2.0 में भी दर्शकों को यही बताने की कोशिश की गयी थी कि कैसे ज़्यादा इंटरनेट का प्रयोग चिड़ियों के संसार को नुकसान पहुंचा रहा है।

मैं उस ज़माने कि बात करने जा रहा हूं जब भारत में दूरसंचार के लिए टेलीफोन का प्रयोग किया जाता था। आसमान में चिड़ियों की उड़ती हुई लम्बी कतार साफ दिखाई देती थी। जहाँ कहीं भी उनको दाना मिलता वो चुगना शुरू कर देतीं और जब पेट भर जाता तो उड़ जाती।

एक बार मेरे घर के आँगन में एक चिड़िया आयी और इधर उधर टहलने लगी। जब मैंने ध्यान से देखा तो पाया कि उस चिड़िया के मुँह में एक घास का टुकड़ा था जिसको लेकर वो कभी घर के आँगन में घूमती और कभी एक जगह बैठ जाती।

एक दिन मैं घर के आँगन में टहल रहा था तो अचानक मेरा ध्यान उस चिड़िया पर पड़ा। मैंने देखा कि वो चिड़िया अपने मुँह में घास का टुकड़ा लिए घर के एक कमरे में घुस गयी। घर का यह कमरा अक्सर बंद रहता था लेकिन उस कमरे के दरवाज़े के ऊपर बना रोशनदान

हमेशा खुला रहता था जिसके कारण वो चिड़िया कमरे के अंदर चली गयी।

मैंने उस कमरे का दरवाज़ा खोला तो देखा कि वो चिड़िया उस कमरे में लगे एक बड़े से झूमर के ऊपर बैठी हुई थी और उसने तिनका तिनका करके काफ़ी घास उस झूमर पे इकठ्ठा कर ली थी। झूमर पे इकठ्ठा इतनी घास को देखकर मुझे समझ आ गयी कि ये चिड़िया झूमर पे अपना घोंसला बना रही है। तो मैंने उस चिड़िया को उस कमरे से निकालना ठीक नहीं समझा।

हर कोई अपना घर बनाते समय एक सुरक्षित जगह ढूंढता है जहाँ पर उसके बच्चों पर कोई आंच ना आये और वे सुरक्षित रहें। यही काम उस चिड़िया ने किया उसको कमरे में लगा झूमर ही सबसे सुरक्षित लगा।

थोड़े दिन गुज़रे तो एक दिन उसी कमरे से काफ़ी चिड़ियों के बोलने कि आवाज़ें आने लगीं। मैंने कमरा खोला तो उसी समय वो चिड़िया भी कमरे के अंदर आ गयी तो कमरे से चिड़ियों कि आवाज़ें आना बंद हो गयीं। मैं दो मिनट उस कमरे में रुका तो इतने में वो चिड़िया फिर कमरे से बाहर चली गयी। जैसे ही चिड़िया कमरे से बाहर गयी फिर काफ़ी चिड़ियों कि आवाज़ें आना शुरू हों गयीं। यह आवाज़ें उसी चिड़िया के बच्चों की थीं। जब भी चिड़िया अपने बच्चों के खाने के लिए बाहर से कुछ लेने जाती तो वो बच्चे आवाज़ करने लगते।

अब मैं उस कमरे का दरवाज़ा दिन में हमेशा खुला ही रखता था और रात को उसे बंद कर देता था। जब भी मैं रात को उस कमरे की बत्ती बंद करता था तो चिड़िया के बच्चे बहुत ऊँची ऊँची शोर करने लगते। कई बार मैं जब उस कमरे की बत्ती बंद करने जाता तो मुझे शरारत सूझती और चिड़िया के बच्चों के मज़े लेने शुरू कर देता। मैं जब भी बत्ती बंद करता तो चिड़िया के बच्चे काफ़ी ऊँची ऊँची शोर करते और जब में बत्ती दुबारा जगाता था तो वो चुप कर जाते। मैं ऐसे ही पांच सेकंड बत्ती बंद कर देता और पांच सेकंड जगा देता। तो कभी चिड़िया के बच्चे शोर करते तो कभी चुप हो जाते।

ऐसे ही एक दिन मैं उस कमरे की बत्ती बंद करने गया तो मुझे फिर से हर पांच सेकंड में बत्ती बंद करने और जगाने की शरारत सूझी लेकिन इस बार मैं पकड़ा गया और मां से मुझे बहुत डांट पड़ी। उसके बाद मैंने यह शरारत करने से तौबा कर ली।

धीरे धीरे करके दिन बीतते गए और चिड़िया के बच्चों की आवाज़ों में थोड़ा बदलाव आना शुरू हो गया जिससे यह आभास हो गया कि अब बच्चे बड़े हो रहें हैं। चिड़िया रोज़ अपने बच्चों के लिए कुछ खाने को लेकर आती और उनके मुँह में डालती।

उस समय रिमोट से चलने वाले टीवी बहुत कम घरों में होते थे। ज़्यादातर घरों में ब्लैक एंड वाइट टीवी

होते थे और एक ही चैनल चलता था वो था दूरदर्शन। उसके लिए भी बहुत पापड़ बेलने पड़ते थे पहले एंटीना घुमाओ फिर ऊँची ऊँची आवाज़ लगाकर घरवालों से पूछो सिग्नल आया या नहीं। जब तक सिग्नल नहीं आते थे तब तक एक बंदे की ड्यूटी एंटीने पर ही होती थी।

एक दिन मैं घर के आँगन में बैठ कर टीवी देख रहा था। मुझे गर्मी लगने लगी तो मैंने छत वाला पंखा चालू कर दिया। अभी मैंने पंखा चालू किया ही था कि पंखे से कुछ टकराने की आवाज़ आयी। जब मैंने देखा तो वो चिड़िया ज़मीन पर गिरी पड़ी थी। मैंने झट से पानी लिया और चिड़िया के ऊपर डाला लेकिन उस चिड़िया ने कोई हलचल नहीं की। वो चिड़िया मर चुकी थी।

चिड़िया को मृत देखकर मेरा मन बहुत उदास हो गया। अब उसके बच्चे बिना मां के कैसे जीवित बचेंगे। अभी जब मैं रात को कमरे का दरवाज़ा बंद करने जाता तो जब ही बत्ती बंद करता तो चिड़िया के बच्चे अब कोई आवाज़ नहीं करते थे। एक दो दिन मैंने उनके घोंसले में कुछ खाने को रखा।

दो तीन दिन के अंदर ही चिड़िया के बच्चे अब उड़ने की कोशिश करने लगे और अपने घोंसले से बाहर आ गए। कभी वह घर की सीढ़ियों पर बैठ जाते तो कभी घर की छत पर। ऐसे ही धीरे धीरे उनको अच्छी तरह से उड़ना आ गया और एक दिन चिड़िया के बच्चे अचानक से

गायब हो गए और फिर कभी भी घर के आँगन में नज़र नहीं आये। अब वो आज़ाद हो गए थे और अपनी दुनिया में मग्न हो गए थे।

अब चिड़िया का घोंसला खाली हो चुका था। एक दिन मेरी मां ने मुझे झूमर की सफाई करने के लिए झूमर नीचे उतारने को कहा। मैंने किसी तरह वो झूमर नीचे उतारा। इसी झूमर के ऊपर चिड़िया ने अपना घोंसला बनाया था। जब मैंने चिड़िया का घोंसला देखा तो मैं हैरान रह गया। इतना सुन्दर घोंसला। चिड़िया का घोंसला अंदर से बहुत कोमल और गोल था और बाहर से घास के तिनके नज़र आ रहे थे। मैंने यही घोंसला अपनी मां को दिखाया तो वो भी घोंसले की बनावट से काफ़ी प्रभावित थीं।

जब भी मैं स्कूल जाता था तो मुझे रास्ते में एक पेड़ पर बहुत सारे घोंसले लगे मिलते थे। मैं अक्सर सोचता था कि अंदर से यह घोंसले कैसे दिखते होंगे लेकिन घर के कमरे में बने चिड़िया के घोंसले को देखकर मेरी जिगीयासा पूरी हो गयी। जो घोंसले मैं स्कूल जाते वक़्त देखता था वो बाहर से थोड़े अलग थे। किसी से पूछने पर पता चला कि ये घोंसले किसी और प्रजाति की चिड़िया के हैं जो कि आकार में घर के घोंसले वाली चिड़िया से बड़ी हैं।

आजकल आम तोर पर घरों में चिड़ियों का घोंसला देखने को नहीं मिलता। आजकल समय बदल गया है।

शहरों में चिड़ियाँ अब नज़र ही नहीं आतीं। लगता है अब चिड़ियों ने लोगों के घरों में घोंसला बनाना बंद कर दिया है। आज के दौर में ज़्यादातर घोंसले जंगलों और पहाड़ों पर ही देखने को मिलते हैं। इस कहानी को लिखने का मेरा तातपर्य यही था कि नई पीढ़ी को भी पता चले कि पुराने समय में चिड़ियाँ कैसे अपना घोंसला बनाती थीं और कैसे अपने बच्चों को पालती थीं।

तो कैसी लगी आपको यह कहानी। मैं आशा करता हूं कि आपको यह कहानी अच्छी लगी होगी। कुछ नया समझने को मिला होगा। जल्दी ही एक नई कहानी के साथ मैं फिर मिलूंगा।

www.ingramcontent.com/pod-product-compliance
Lightning Source LLC
Chambersburg PA
CBHW020949160726
47993CB00007B/3005